Mein Haushaltsbuch: Smarte finanzielle Jahresplanung
Rot und Gold | Finanziell Clevere machen es schon lange.

ISBN: 9798618810722
Independently published

Dieses Haushaltsbuch gehört zu:

Meine Motivation fürs Sparen

Schaue zurück und erinnere dich daran warum du die 2€, für einen Kaffee oder das Parken, um dir 10min Fußweg zu ersparen, nicht ausgegeben hast.

Für was spare ich?

Wie möchte ich meine Ziele erreichen?

Mein Erfolgskuchen

Jedes Stück spiegelt 10% deines Zieles wieder. Freue dich darauf das Erreichen deiner Zwischenerfolge mit Farbe zu füllen!

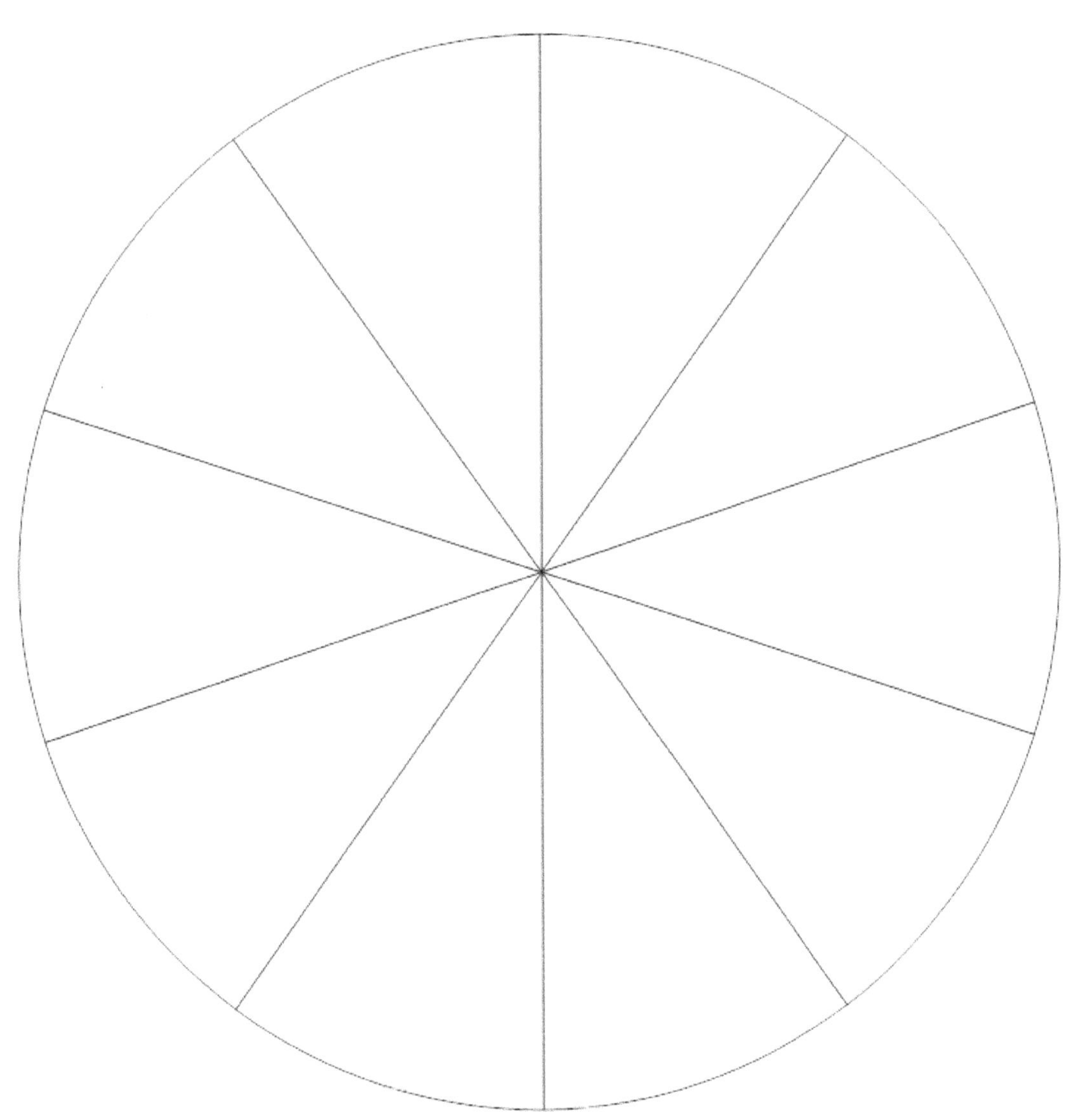

Finanzielle Ziele

Für jeden Monat:

- [ ]
- [ ]
- [ ]
- [ ]

Für jedes Quartal:

- [ ]
- [ ]
- [ ]
- [ ]

Für die nächsten 6 Monate:

- [ ]
- [ ]
- [ ]
- [ ]

Für die nächsten 12 Monate:

- [ ]
- [ ]
- [ ]
- [ ]

Jährliche Finanzübersicht

	Einnahmen	Ausgaben	Ersparnisse
Januar			
Februar			
März			
April			
Mai			
Juni			
Juli			
August			
September			
Oktober			
November			
Dezember			

Notizen

Dauerhafte Zahlungen

Empfänger	Beschreibung	vom Konto	Betrag

Summe:

Versicherungen

Versicherungsart	Versicherter	fällig am	Betrag

Summe:

Meine Kontenübersicht

Name der Bank

Telefonnumer

Kontoart

Kontonummer/BLZ

IBAN

BIC

Sonstiges

Name der Bank

Telefonnumer

Kontoart

Kontonummer/BLZ

IBAN

BIC

Sonstiges

Name der Bank

Telefonnumer

Kontoart

Kontonummer/BLZ

IBAN

BIC

Sonstiges

Name der Bank

Telefonnumer

Kontoart

Kontonummer/BLZ

IBAN

BIC

Sonstiges

Name der Bank

Telefonnumer

Kontoart

Kontonummer/BLZ

IBAN

BIC

Sonstiges

Name der Bank

Telefonnumer

Kontoart

Kontonummer/BLZ

IBAN

BIC

Sonstiges

Ausgaben für

Tipp: Einmal jährlich solltest du deinen Energieanbieter und deine Energieverträge prüfen. Eventuell gibt es Günstigere oder mehr Bonus bei einem Wechsel.

Fixe**Einnahmen**

Datum	Beschreibung	Betrag

Summe:

Fixe**Ausgaben**

Datum	Beschreibung	Betrag

Summe:

Variable **Ausgaben**

Datum	Beschreibung	Betrag

Zwischensumme:

Variable**Ausgaben**

Datum	Beschreibung	Betrag

Zwischensumme:

Variable**Ausgaben**

Datum	Beschreibung	Betrag

Summe:

gesamt Einnahmen ───────────

gesamt Ausgaben ───────────

Differenz ═══════════

☐ **Überschuss**

☐ **Verlust**

Notizen

....

....

....

....

Ausgaben für

Fixe**Einnahmen**

Datum	Beschreibung	Betrag

Summe:

Fixe**Ausgaben**

Datum	Beschreibung	Betrag

Summe:

Variable **Ausgaben**

Datum	Beschreibung	Betrag

Zwischensumme:

Variable**Ausgaben**

Datum	Beschreibung	Betrag

Zwischensumme:

Variable **Ausgaben**

Datum	Beschreibung	Betrag

Summe:

gesamt Einnahmen ⸺⸺⸺⸺⸺

gesamt Ausgaben ⸺⸺⸺⸺⸺ ☐ **Überschuss**

Differenz ⸺⸺⸺⸺⸺ ☐ **Verlust**

Notizen

Ausgaben für

Fixe**Einnahmen**

Datum	Beschreibung	Betrag

Summe:

Fixe**Ausgaben**

Datum	Beschreibung	Betrag

Summe:

Variable **Ausgaben**

Datum	Beschreibung	Betrag

Zwischensumme:

Variable**Ausgaben**

Datum	Beschreibung	Betrag

Zwischensumme:

Variable**Ausgaben**

Datum	Beschreibung	Betrag

Summe:

gesamt Einnahmen ___________________

gesamt Ausgaben ___________________

Differenz ___________________

☐ **Überschuss**

☐ **Verlust**

Notizen

....

....

....

....

Ausgaben für

Fixe**Einnahmen**

Datum	Beschreibung	Betrag

Summe:

Fixe**Ausgaben**

Datum	Beschreibung	Betrag

Summe:

Variable **Ausgaben**

Datum	Beschreibung	Betrag

Zwischensumme:

Variable**Ausgaben**

Datum	Beschreibung	Betrag

Zwischensumme:

Variable **Ausgaben**

Datum	Beschreibung	Betrag

Summe:

gesamt Einnahmen ______________________

gesamt Ausgaben ______________________

Differenz ══════════════════

☐ **Überschuss**

☐ **Verlust**

Notizen

Ausgaben für

Fixe**Einnahmen**

Datum	Beschreibung	Betrag

Summe:

Fixe**Ausgaben**

Datum	Beschreibung	Betrag

Summe:

Variable**Ausgaben**

Datum	Beschreibung	Betrag

Zwischensumme:

Variable**Ausgaben**

Datum	Beschreibung	Betrag

Zwischensumme:

Variable **Ausgaben**

Datum	Beschreibung	Betrag

Summe:

gesamt Einnahmen   ___________________

gesamt Ausgaben   ___________________   ☐ **Überschuss**

Differenz   ___________________   ☐ **Verlust**

Notizen

....

....

....

....

Ausgaben für

Fixe **Einnahmen**

Datum	Beschreibung	Betrag

Summe:

Fixe **Ausgaben**

Datum	Beschreibung	Betrag

Summe:

Variable**Ausgaben**

Datum	Beschreibung	Betrag

Zwischensumme:

Variable**Ausgaben**

Datum	Beschreibung	Betrag

Zwischensumme:

Variable **Ausgaben**

Datum	Beschreibung	Betrag

Summe:

gesamt Einnahmen ______________________

gesamt Ausgaben ______________________ ☐ **Überschuss**

Differenz ______________________ ☐ **Verlust**

Notizen

....

....

....

....

Ausgaben für

Fixe**Einnahmen**

Datum	Beschreibung	Betrag

Summe:

Fixe**Ausgaben**

Datum	Beschreibung	Betrag

Summe:

Variable**Ausgaben**

Datum	Beschreibung	Betrag

Zwischensumme:

Variable**Ausgaben**

Datum	Beschreibung	Betrag

Zwischensumme:

Variable**Ausgaben**

Datum	Beschreibung	Betrag

Summe:

gesamt Einnahmen ___________________

gesamt Ausgaben ___________________

Differenz ___________________

☐ **Überschuss**

☐ **Verlust**

Notizen

....

....

....

....

Ausgaben für

Fixe**Einnahmen**

Datum	Beschreibung	Betrag

Summe:

Fixe**Ausgaben**

Datum	Beschreibung	Betrag

Summe:

Variable**Ausgaben**

Datum	Beschreibung	Betrag

Zwischensumme:

Variable**Ausgaben**

Datum	Beschreibung	Betrag

Zwischensumme:

Variable **Ausgaben**

Datum	Beschreibung	Betrag

Summe:

gesamt Einnahmen ________________

gesamt Ausgaben ________________   ☐ **Überschuss**

Differenz ________________   ☐ **Verlust**

Notizen

....

....

....

....

Ausgaben für

Fixe**Einnahmen**

Datum	Beschreibung	Betrag

Summe:

Fixe**Ausgaben**

Datum	Beschreibung	Betrag

Summe:

Variable**Ausgaben**

Datum	Beschreibung	Betrag

Zwischensumme:

Variable**Ausgaben**

Datum	Beschreibung	Betrag

Zwischensumme:

Variable**Ausgaben**

Datum	Beschreibung	Betrag

Summe:

gesamt Einnahmen ___________________

gesamt Ausgaben ___________________

Differenz ___________________

☐ **Überschuss**

☐ **Verlust**

Notizen

Ausgaben für

Fixe Einnahmen

Datum	Beschreibung	Betrag

Summe:

Fixe Ausgaben

Datum	Beschreibung	Betrag

Summe:

Variable **Ausgaben**

Datum	Beschreibung	Betrag

Zwischensumme:

Variable**Ausgaben**

Datum	Beschreibung	Betrag

Zwischensumme:

Variable**Ausgaben**

Datum	Beschreibung	Betrag

Summe:

gesamt Einnahmen ______________

gesamt Ausgaben ______________

Differenz ══════════════

☐ **Überschuss**
☐ **Verlust**

Notizen

Fixe**Einnahmen**

Datum	Beschreibung	Betrag

Summe:

Fixe**Ausgaben**

Datum	Beschreibung	Betrag

Summe:

Variable**Ausgaben**

Datum	Beschreibung	Betrag

Zwischensumme:

Variable**Ausgaben**

Datum	Beschreibung	Betrag

Zwischensumme:

Variable**Ausgaben**

Datum	Beschreibung	Betrag

Summe:

gesamt Einnahmen ——————————

gesamt Ausgaben ——————————

Differenz ——————————

☐ **Überschuss**
☐ **Verlust**

Notizen

Ausgaben für

Fixe**Einnahmen**

Datum	Beschreibung	Betrag

Summe:

Fixe**Ausgaben**

Datum	Beschreibung	Betrag

Summe:

Variable**Ausgaben**

Datum	Beschreibung	Betrag

Zwischensumme:

Notizen

Notizen

Notizen

Notizen

Notizen

Notizen

Notizen

Notizen

Notizen

Notizen

Notizen

Notizen

Notizen

Notizen

Notizen

Notizen

www.ingramcontent.com/pod-product-compliance
Lightning Source LLC
Chambersburg PA
CBHW060232120726
48003CB00016B/3240